MÉMOIRE.

IMPRIMÉ CHEZ PAUL RENOUARD, RUE GARANCIÈRE, N. 5.

MÉMOIRE

SUR LE

REMBOURSEMENT

DES RENTES

ET SUR

L'INDEMNITÉ DUE AUX RENTIERS

DU XVIᵉ SIÈCLE,

PAR M. BERRIAT SAINT-PRIX.

PARIS.

C.-H. LANGLOIS, RUE DES GRÉS, 10.

1837.

MÉMOIRE

SUR LE

REMBOURSEMENT DES RENTES

ET SUR

L'INDEMNITÉ DUE AUX RENTIERS

DU XVIe SIÈCLE,

PAR M. BERRIAT SAINT-PRIX. (1)

On s'occupe depuis douze ans de la question de savoir si le remboursement du capital du cinq pour cent consolidé, ou, pour parler le langage vulgaire, si le remboursement du capital des rentes sur l'État est une opération légitime et en même temps une opération utile.

Ce dernier point paraît avoir éprouvé peu d'objections sérieuses : il était difficile de ne pas reconnaître que l'opération précédente devait produire un des effets les plus importans pour l'économie sociale moderne, savoir : l'abaissement de l'intérêt,

(1) Ce Mémoire a été lu à l'Académie des sciences morales et politiques, le 20 août 1836.

I

puisque, selon toute apparence, la plupart des créanciers de l'État préféreraient au remboursement de leur capital, un nouveau titre comprenant le même capital, mais avec un intérêt plus modique, alternative qu'on leur a toujours offerte dans les projets de remboursement et qu'on leur a donnée dans les pays où la même opération a été réalisée... Or, l'abaissement de l'intérêt dû par l'État, doit, comme cela est aussi arrivé dans les mêmes pays, entraîner l'abaissement de l'intérêt dans les transactions des particuliers. (1)

Il n'en est pas de même du premier point. On a soutenu, à l'époque du premier projet, et bien des personnes soutiennent encore, que l'État n'a pas le droit de rembourser, malgré eux, ses créanciers lorsqu'ils le sont pour des rentes perpétuelles. Ils ont dû compter, dit-on, lorsqu'ils ont prêté un capital, de recevoir chaque année un revenu pour ce capital, et de le recevoir à l'avenir, en un mot, à perpétuité.

Ce système a été combattu dans beaucoup de discours, de mémoires et surtout dans un rapport fait à la chambre des députés, et non moins remarquable par la lucidité et la solidité de la discussion que par l'étendue des recherches (2).

(1) Rapport de M. Laplagne (voyez la note suivante), pages 22 et 23.
(2) Rapport fait le 14 mars 1836, au nom de la commis-

Il faut toutefois l'avouer : dans presque tous ces ouvrages , on s'est plus attaché à justifier la mesure du remboursement par les principes généraux du droit relatifs à la nature du contrat de constitution de rente, que d'après les faits qui ont dû se passer , ou d'après les conventions qui ont dû intervenir entre les créanciers et l'État, lors de la constitution primitive des rentes. Nous avons entendu souvent des créanciers se récrier contre cette manière d'attaquer ce qu'ils nomment leurs droits. Peu importe , observaient-ils avec une apparence de raison, que, d'après la doctrine de Pothier et les définitions du dictionnaire de l'Académie (1), dans le contrat de constitution de rente, le débiteur ait toujours le droit de rembourser le capital dont la réception l'a soumis à payer chaque année le revenu appelé rente, si dans l'origine , lorsque nous avons prêté ce capital, et nous et notre débiteur, l'État, nous avons entendu la chose dans un autre sens; si, en un mot, nous avons entendu avoir droit dans tous les temps au paiement annuel de la rente, sans qu'on pût nous contraindre à recevoir le remboursement du capital, et si notre débiteur, l'État, en recevant notre argent, a consenti expressément ou tacitement

sion chargée d'examiner la proposition de M. Gouin , sur la conversion des rentes, par M. Laplagne, député du Gers , in-8° de 54 pages.

(1) Même rapport, pages 4 et 5.

à cette condition, à cette exclusion du droit de nous rembourser malgré nous le capital. Outre que dans tous les temps et sous toutes les législations, les conventions non contraires à l'ordre public et aux bonnes mœurs, ont fait la loi des parties (1), le contrat de constitution de rente perpétuelle étant à-peu-près inconnu aux anciens législateurs, on ne peut nous en appliquer les règles puisqu'elles n'avaient pas encore été consacrées par l'autorité publique. (2)

Les recherches dont nous allons soumettre le ré-

(1) L. 1, Dig., Depositi; Code civil, art. 1132 et 1134.

(2) Le droit romain n'offre, d'après Pothier, aucun indice du contrat de constitution de rente, si ce n'est dans une des dernières Novelles de Justinien, la 160ᵉ, qui n'était pas même observée comme loi dans nos pays de droit écrit (voyez *notre Histoire du droit, page* 185, *note* 23). Le droit canonique n'admettait ce contrat qu'en excluant la faculté du rachat (voyez *Répertoire de jurisprudence, mot rente constituée,* § 1, *articles de MM. Merlin et Henrion de Pansey*). Il en était de même du droit de la Belgique; car, selon l'observation du plus grand jurisconsulte de notre siècle (M. Merlin... il était présent à la séance de l'Académie), le rachat de la rente ne fut permis pour la première fois qu'en 1520, pour le Brabant, et ensuite en 1528 et en 1534, pour la Flandre et pour le Hainaut (voyez *ibid.,* § *xj, n. ij*). Enfin, en France, ce ne fut qu'en 1552 et 1559, plus de trente ans après les premières constitutions de rentes souscrites par le roi, que la faculté de rachat fut admise; encore ne le fut-elle que par de simples arrêts du Parlement de Paris (voyez *Henrion de Pansey, ibid., même parag.* 1ᵉʳ), sans aucune intervention de l'autorité législative.

sultat à l'Académie, ont eu pour but d'éclaircir la question sous le dernier point de vue, c'est-à-dire, sous celui des faits qui se sont passés, et des conventions qui sont intervenues lors des premiers emprunts à constitution de rente. Il est peu étonnant qu'on n'en ait pas jusqu'à présent fait de semblables. On a été en quelque sorte entraîné à penser qu'elles seraient infructueuses, par l'examen qu'on a fait du plus savant ouvrage publié sur cette matière. Forbonnais, s'est-on dit (1), n'a pu remonter, ni à beaucoup près, jusqu'à l'origine des rentes. Il avait toutefois, lorsqu'il travaillait à ses recherches, une multitude de documens dont le temps et les révolutions ont fait disparaître une grande partie; il serait donc presque insensé d'espérer de découvrir ce qui lui aura échappé.

Mais Forbonnais, on n'y a pas fait attention, n'a point compulsé les délibérations des villes intéressées dans les emprunts. Peut-être même a-t-il cru que cet examen, d'ailleurs extrêmement long et fort ennuyeux, ne lui serait d'aucune utilité. Jugeant probablement des temps anciens par ce qui se passait de son temps, où l'Hôtel-de-Ville de Paris n'était dans le fait qu'un bureau de paiement détaché du ministère des finances, il aura pensé que les vil-

---

(1) Recherches et considérations sur les finances de la France, depuis 1595 jusqu'à 1721; Bâle, 1758, 2 vol. in-4°.

les elles-mêmes ne se seraient point mêlé des emprunts, qu'en un mot elles n'auraient fait que prêter une entremise fictive pour les contrats de ces emprunts, et une entremise à-peu-près mécanique pour l'acquit de leurs intérêts.

Il n'en avait point été ainsi, non-seulement pour les emprunts à rente, objet particulier de notre travail, mais pour les autres espèces d'emprunts; fait infiniment curieux dans les fastes de notre économie sociale, et dont nous ne nous rappelons pas avoir vu l'indication dans aucun historien.

Nous ne pouvons fixer avec précision l'époque où les monarques français eurent recours à l'entremise des villes pour se procurer des avances pécuniaires, parce que les registres les plus anciens des municipalités ne commencent qu'à la fin du xve siècle (1); toutefois on peut induire d'une déclaration de Louis XII, du 19 décembre 1499 (2), que l'exem-

---

(1) Ceux de Paris commencent au 25 octobre 1499. *Voyez* sur ces registres qui sont aux archives du royaume, nos Recherches sur la législation criminelle en Dauphiné au moyen âge, in-8°, 1836, page 5 (nous y observons qu'aucun historien n'a lu ces registres où nous avons puisé des documens authentiques, qui pourraient servir de matériaux à plus d'un mémoire sur la législation, l'économie sociale, l'histoire, etc.). Ils sont paginés souvent dans le haut et dans le bas des feuillets; nous citons indifféremment l'une ou l'autre pagination.

(2) Registre I (de l'Hôtel-de-Ville), f. 9 et suiv.

ple en avait été donné par Louis XI et imité par
Charles VIII. L'opération de celui-ci est d'ailleurs
constatée par les registres du conseil de la ville de
Paris. Lorsqu'en effet ce conseil s'occupa du premier
emprunt demandé par Louis XII, on arrêta de rembourser à un marchand, cent écus d'or qu'il avait
prêtés, dit-on, « pour le dernier emprunt fait au roi
Charles dernier passé (1) », et quoique nous n'ayons
pas de documens sur la méthode employée alors par
Louis XI et par Charles VIII, nous pouvons présumer qu'elle fut de même nature que celle qu'em-
ploya Louis XII et dont nous allons parler avec quelques détails, parce que c'est le premier exemple d'une
opération d'emprunt qui nous soit connue par des
documens authentiques.

Le 27 avril 1499, après Pâques, c'est-à-dire
1500, nouveau style, des commissaires du gouverneur de Paris se présentèrent au conseil de ville et
y lurent deux lettres de Louis XII (2). Par la première il demandait à titre d'emprunt 40,000 livres
et par la seconde, il *modérait* sa demande à 20,000 livres. Un des commissaires remontra à l'appui de la
demande : « Les bienfaicts que le Roy a faicts à icelle
« ville tant à la confirmation de ses privilèges qu'ès
« aydes (impôts) octroyées par lui pour la réfection

(1) Même Registre, I, f. 41; assemblée du 4 mai 1500, *ibid.*
(2) Assemblée du même jour, Reg. I, f. 40 et suiv.

« du pont (1), et qu'il a toujours eu et a encore de
« présent grant amour à icelle ville et l'a toujours
« portée en ses affaictions, et que ceste requeste est
« la première qu'il a faicte, et que par ce en obtem-
« pérant à icelle on doist lui prester libéralement et
« en diligence ladite somme de 20,000 livres. »

Voilà assurément une demande présentée avec
beaucoup de civilité et même avec une sorte d'hu-
milité ; mais nous verrons dans la suite, quand nous
traiterons du mode des soi-disans emprunts, que la
civilité s'étendait rarement au-delà de la première
demande.

Quoi qu'il en soit, dans cette occasion, l'assemblée étant peu nombreuse, on en convoqua une plus
considérable pour le lendemain, et où l'emprunt fut
accordé. Les jours suivans on prit diverses mesures
pour fournir la somme, ce qui éprouva beaucoup
de lenteur et d'embarras. (2)

(1) Le pont Notre-Dame emporté par la Seine, le 25 octobre 1499. Nous avons donné quelques détails sur la *réfection* de ce pont, dans notre Coup-d'œil sur l'emploi de la
langue latine dans les actes anciens, et sur sa prohibition
au XVIIIe siècle (Mémoires de la Société des antiquaires,
tom. VI, 1825, p. 273 et suiv.). On peut aussi consulter, sur
les chutes fréquentes des ponts de Paris au moyen âge, chutes
dues surtout à l'ignorance des constructeurs, *Dulaure,* Histoire de Paris, 1re édition, II, 371, 463, 480 ; III, 77, 320,
456 ; IV, 135, etc.

(2) *Voyez* ce que nous exposons plus loin, en parlant des
emprunts forcés.

Nous trouvons dans les registres l'indication de trois autres emprunts demandés à la ville de Paris par Louis XII en 1503, 1512 et 1513 (1), et que vraisemblablement il remboursa, comme il le promettait par ses lettres, sur *ses finances des années suivantes*, puisqu'il n'en est plus question dans la suite.

Peut-être en fut-il de même pour les deux premiers emprunts que fit François Ier, dans les deux premières années de son règne (2); malheureusement les registres de l'Hôtel-de-Ville ont tout-à-coup une lacune de dix ans, de 1517 à 1527 (3), lacune d'autant plus fâcheuse que c'est pendant cet intervalle de temps qu'on introduisit la méthode des emprunts à constitution de rente, ce qui nous a forcé de chercher dans un grand nombre d'actes postérieurs les caractères et les conditions de cette méthode, tandis qu'il nous eût suffi sans doute, de rapporter les clauses du premier acte de constitution si le temps l'eût respecté. (4)

(1) Assemblées des mêmes années, Reg. I, f. 107 et suiv., 211 et suiv., 259 et suiv.

(2) Même Reg. I, f. 291 et suiv., 303 et suiv.

(3) Le tome I finit au 11 mai 1517; le tome II commence au 17 décembre 1527.

(4) Dom Félibien (Hist. de Paris, III, 578) rapporte, il est vrai, un édit ou déclaration du 10 octobre 1522, sur la même matière, mais outre que cet édit, sur lequel d'ailleurs il ne

Ce premier acte nous est cité dans plusieurs délibérations ultérieures (1), comme ayant été passé en 1522. Le succès du mode qu'il introduisit sert à nous expliquer l'accroissement prodigieux des emprunts sous le règne des successeurs de Louis XII. Les quatre emprunts faits par celui-ci, et rappelés précédemment (ci-devant, p. 7-9), ne s'élèvent en tout, qu'à 100,000 livres tournois, dans un intervalle de seize ans, tandis que dans un intervalle à peine d'un quart plus considérable, ou dans vingt-et-un ans, François Ier emprunta plus de 900,000 livres (2), et son fils dans un intervalle moindre d'un

fait aucune remarque, n'est pas l'édit primitif, celui-ci même serait insuffisant, parce que nous n'avons pas les délibérations du conseil de ville, auxquelles il donna lieu, et où les conditions proposées ou acceptées par les prêteurs doivent se trouver, puisque, pour ces opérations, on passait des contrats solennels, comme le dit Perrot dans le discours cité plus loin, et comme on le verra dans la note *a* placée à la fin de notre Mémoire. Quoi qu'il en soit, l'édit du 10 octobre est bien loin de favoriser l'opinion des adversaires du remboursement. Le roi, au contraire, s'y réserve le droit de *racheter à perpétuité* l'impôt qu'il cède à la ville pour le paiement des rentes ou intérêts de l'emprunt demandé.

(1) *Voyez* surtout le même discours de Perrot, fait à l'assemblée du 5 février 1602, et les remontrances du 11 septembre suivant, Reg. XV, f. 779, et Reg. XVI, f. 19 et suiv.

(2) C'est à-peu-près le capital des rentes qu'il créa, selon Forbonnais (I, 81). Selon nos registres, il serait plus consi-

tiers, ou dans douze ans, emprunta plus de 6,000,000 à la seule ville de Paris. (1)

Ces sommes, pour l'observer en passant, nous paraîtraient aujourd'hui bien modiques, puisqu'en appréciant la plus considérable en monnaie de nos jours, elle ne s'éleverait qu'à environ 21,000,000 (2), ou par chaque année du règne d'Henry II, à environ 1,800,000 livres, et assurément, si l'administration actuelle ouvrait un emprunt de 1,800,000 francs, surtout en offrant l'intérêt accordé par Henry II, ou 8 et 1/3 pour 100, une seule des nombreuses maisons de banque de la capitale l'aurait rempli dans un instant. Mais la fortune, soit publique soit particulière, était bien loin d'avoir fait à cette époque les progrès rapides dont parlent quelques historiens, séduits sans doute par l'impulsion extraordinaire qu'avaient donnée vers la fin du xve siècle, au commerce et à l'industrie, les découvertes de l'Amérique et du passage aux Indes par le cap de Bonne-Espérance. C'est même un fait capital que nous établirons dans la suite, si le temps

dérable d'un quart ou d'un tiers, ce qui prouverait encore mieux l'exactitude de nos remarques.

(1) Autre capital calculé d'après le total des rentes qu'indique Forbonnais, I, 81.

(2) Le marc d'argent était alors à 14 livres 10 sous. *Forbonnais, ibid.*

le permet , à l'aide des documens où nous puisons les présentes recherches.

Revenons au mode d'emprunt essayé avec succès par François Ier, et pratiqué à son imitation par ses successeurs.

Le roi envoyait ordinairement au conseil de ville de Paris , des commissaires chargés de ses pouvoirs ou porteurs de lettres spéciales pour négocier les emprunts qu'il voulait obtenir : des personnages éminens, tels que le cardinal de Bourbon, le cardinal de Lorraine , le cardinal du Bellay, l'archevêque d'Embrun , et même des princes, tels que le duc d'Alençon (1), étaient chargés de ces missions. Ils exposaient dans des discours, les besoins, les nécessités du roi , et indiquaient la somme réclamée. Ils offraient de concéder à la ville, pour faire face à l'emprunt , une partie de ce qu'on nommait alors et qu'on a même nommé jusqu'à la révolution, le domaine du roi, non pas le domaine corporel, ou des maisons ou fonds de terre, mais certains revenus produits par certains impôts , et pour l'ordinaire des impôts indirects (2), tels que les droits perçus

____

(1) Assemblées des 17 août 1536; 29 juillet 1537; 8 juillet 1542; 8 août 1551; 16 juillet 1555, et 22 novembre 1569; Reg. II, f. 213 et 258; Reg. III, f. 26, et part. II, f. 150; Reg. IV, f. 226; Reg. VI, f. 135.

(2) On distinguait encore en 1789 dans la partie des finances confiée à ce qu'on nommait l'administration des

sur l'entrée ou le débit du vin, sur le sel, sur la vente des bestiaux, ou, en d'autres termes, le pied fourché, etc. (1). Le produit de ces impôts perçus par l'Hôtel-de-Ville, ou par ses préposés, servait à payer, soit l'intérêt ou la rente du capital que les particuliers prêtaient au roi par l'intermédiaire de la ville, soit les frais des emprunts, les traitemens des préposés, etc..., et s'il excédait ces dépenses, l'excédant ou la plus-value était souvent présentée pour gage d'un nouvel emprunt. (2)

Le conseil de ville ne prenait presque jamais sur lui d'accéder à la demande. Il la renvoyait à des assemblées où il appelait un grand nombre de notables choisis parmi les diverses professions. Exposée de nouveau, la demande était encore discutée; on réclamait presque toujours une diminution de la somme indiquée par les commissaires, et assez sou-

domaines du roi, deux divisions ou directions pour chaque province, savoir : la direction des domaines simplement dits, qui comprenait le contrôle (aujourd'hui l'enregistrement), le timbre, le centième denier, etc., etc., et la direction des domaines corporels, qui comprenait les maisons, terres et bois. *Voir* les Almanachs des provinces, entre autres ceux du Dauphiné, années 1787, 1788, 1789.

(1) Assemblées des 18 août 1536 et 7 juillet 1537; Reg. II, f. 216 et suiv., 260 et suiv.

(2) État joint à la délibération du 20 mai 1556, Reg. VI, f. 194 et suiv.; assemblée du 24 novembre 1569, Registre III, part. II, f. 151.

vent ils en accordaient une, au moins d'une partie de celle que sollicitait l'assemblée. (1)

On pressent facilement que si, soit le roi emprunteur, soit les nombreux particuliers prêteurs, avaient entendu, l'un, qu'il serait débiteur à perpétuité des rentes, sans avoir la faculté de s'en racheter, et les autres, qu'ils en seraient aussi créanciers à perpétuité, et qu'on ne pourrait jamais les contraindre à recevoir le remboursement du capital, il serait impossible que pendant ces discussions multipliées presque à chaque emprunt et à-peu-près d'année en année, il n'en eût pas été question et souvent question.

Loin de là, une lecture attentive des registres, et ensuite une révision des passages relatifs aux emprunts, non-seulement ne nous a rien offert de semblable, mais nous a montré souvent que l'emprunteur et les prêteurs avaient eu une intention tout opposée... Vu l'importance de la matière nous en allons citer plusieurs exemples.

Observons préliminairement que même sous Louis XII, la ville, pour compléter une somme de 20,000 livres qu'il demandait, avait déjà vendu sur ses aides et biens propres, 600 livres de rente,

(1) *Voyez* entre autres assemblées, celles des 29 juin 1537 ; 31 juillet 1547 ; 9 janvier 1555 et 28 février 1572 ; Reg. II, f. 260 ; Reg. IV, f. 50 ; Reg. VI, f. 160 ; Reg. IX, f. 40.

pour un capital de 8,000 livres, *rachetable*, est-il dit (1), à quatre fois différentes; d'où il résulte que la stipulation du rachat était dès long-temps en usage. (2)

Passons aux exemples annoncés, et présentons-les dans l'ordre des temps.

1° *Premier exemple.*—Dans l'été de 1536, à l'occasion d'une invasion de l'ennemi, la ville, sur la demande du roi, lui ouvrit un emprunt de 100,000 livres, moyennant une constitution de rente au denier douze. Nous reviendrons plus loin, sur les circonstances et les détails de cette opération ; observons seulement qu'on tint alors une assemblée, où l'on avisa aux sûretés à obtenir pour le *rembourse-ment* du prêt; que ce *remboursement* fut rappelé dans le discours du chef du conseil de ville, et *for-mellement exprime*, d'une part, *comme conforme à l'intention du roi*, dans un arrêt où le parlement autorisait (30 août) l'emprunt en constitution de

(1) Délib. du 7 avril 1513 (1514, nouveau style), Reg. I, f. 270 et suiv... L'emprunt était demandé depuis le 9 novembre précédent. Ainsi, en quatre mois, on n'avait pas pu se procurer 20,000 livres.

(2) La ville persista dans cet usage pour ses propres affaires. Nous avons trouvé d'autres exemples d'emprunts à constitution de rentes qu'elle contractait en se réservant le droit de *rachat*... *Voyez* Etat des maisons retranchées (soumises au reculement) en 1565, Reg. VII, f. 344, 345.

rentes (1), et de l'autre, dans des lettres-patentes (30 décembre) où le roi le ratifiait. (2)

Ainsi, dans cette opération les prêteurs stipulèrent et l'emprunteur accepta la condition du *remboursement* ou *rachat* du capital. (3)

2° *Second exemple.* — Au mois de mars 1537 (1538, nouveau style), le roi demanda à la ville 180,000 livres pour le paiement de 3,000 hommes de pied. Diverses remontrances lui furent faites à ce sujet, et le 20 septembre, il se réduisit à obtenir cette somme pour quatre mois; sans cela, dit-il dans ses lettres, il ne pourrait satisfaire au *remboursement de ses emprunts* et *rachat* de son domaine, observation que renouvela le chancelier le 31 janvier 1538, ou 1539 nouveau style. (4)

3° *Troisième exemple.* — Le 6 juillet 1542, le roi demanda un état des habitans de Paris, pour savoir

(1) Assemblées des 15 juillet 1536 et jours suiv., Reg, II, f. 177 et suiv., surtout 204 et suiv., 217 et suiv., et pour l'arrêt du Parlement, f. 222.

(2) Ordonnances de François 1er, vol. coté M, f. 15 et suiv. (*Archives judiciaires*).

(3) « A esté accordé, est-il dit dans les lettres-patentes du 30 décembre 1536, que toutes et quantes fois il nous plaira *rendre* ladite somme de 100,000 livres, ensemble les arrérages, etc.....; ladite constitution de rente *demeurera esteinte* pour l'avenir. »

(4) Assemblées des 20 septembre 1537 et 31 janvier 1538 (1539, nouveau style), Reg. II, f. 309 et 318.

le secours qu'il pourrait en tirer dans ses affaires. Son but, dit le cardinal de Bourbon, assisté du cardinal de Meudon, de l'évêque de Soissons, etc., est de savoir moyen de leur emprunter jusqu'à 200,000 écus dont il a besoin pour ses trois armées, emprunt qu'il veut être de brief *remboursé*. (1).

Dans le second et le troisième exemple, on le voit, c'est l'emprunteur qui s'explique sur le *remboursement*. Un de ces deux emprunts a pour but d'en *rembourser* d'autres, et il déclare vouloir *rembourser* le second, et les prêteurs ne font aucune remarque sur ces explications et déclarations.

4° *Quatrième exemple.* — Le 23 février 1543 (1544, nouveau style), autre demande d'emprunt. Il s'agissait de 50,000 écus d'or soleil. D'après la lettre du roi, lue par le prévôt des marchands, « il baillera telle assurance de *remboursement* qu'on voudra (2); » et l'assemblée charge les quarteniers (3) d'annoncer aux riches bourgeois cette assurance, et leur dire que cet emprunt leur sera *remboursé* avec celui qu'ils baillèrent dernièrement (v. troisième exemple) à messieurs les cardinaux.

Dans les trois premiers exemples, on l'a dit, ou

(1) Assemblées des 6 et 8 juillet 1542, Reg. III, f. 24 et 26.

(2) Assemblée du 23 février 1543, Reg. III, f. 40.

(3) Nous parlerons plus loin de ces espèces de fonctionnaires.

bien les Parisiens s'occupaient de sûreté pour leur *remboursement*, ou bien le roi se réservait de les *rembourser* ; dans celui-ci, il y a quelque chose de plus, c'est l'avis qu'on leur fait donner en termes exprès, *qu'ils seront remboursés...* Le but en est évident ; on voulait les engager à prêter. S'ils avaient eu l'intention de n'être jamais remboursés, on ne leur eût pas offert un pareil appât. Les exemples suivans montrent encore mieux qu'ils avaient une intention différente.

5° *Cinquième exemple.* —Le 8 août 1551, le cardinal de Lorraine demande au nom du roi un emprunt de 300,000 écus, pour lesquels on constituera une rente de 25,000 écus (8 1/3 pour cent) sur les gabelles, les aides, etc. Après diverses remontrances de la ville, elle arrêta de chercher des prêteurs partout, même aux environs, en un mot de faire ce qu'on pourra... Mais il faut que le roi cède à la ville (1) « les greniers à sel de Pontoise, de « Meaux, Melun et autres jusques à 70,000 livr., ou « plus (de revenu) pour l'employer au paiement des « rentes qui seront par la ville constituées aux par- « ticuliers et au paiement des frais, et le reste et « plus valeur estre employé au *rachapt* desdictes « rentes... (2), » condition qu'on répète après l'ac-

(1) Assemblées des 8 et 13 août 1551, etc., Reg. IV, f. 226, 229, etc.

(2) Même assemblée du 13 août, Reg. IV, f. 251.

ceptation du roi, dans la délibération du 7 janvier 1551 (1552, nouveau style), en ces termes : « Le surplus du produit des d. greniers sera après « les rentes et fraix payés , converti au *rachapt* « des dictes rentes six mois après chacune année « escheue. » (1)

Il ne saurait y avoir rien de plus décisif que ce qui est exposé dans cet exemple : réserve formelle faite deux fois par les prêteurs et acceptée par l'emprunteur, que l'excédant de produit des impôts concédés pour le paiement des rentes, sera employé au *rachat* de leur capital.

6° *Sixième exemple.* — Dans l'assemblée tenue le 24 novembre 1569 à l'occasion de la demande d'un emprunt pour lequel le roi offrait de constituer 58,000 livres de rente payables moitié sur des impôts déjà cédés à la ville, et moitié sur les tailles, en accédant à la demande, l'assemblée exige pour condition, qu'avec les plus-values passées ou futures, le receveur éteindra jusqu'à leur entier *rachat* les 25,000 livres de rentes assignées sur les tailles (2)... condition qui fut bientôt agréée par le roi. (3)

Il est presque inutile de faire observer que le sixième exemple nous offre des résultats absolument

---

(1) Même assemblée du 7 janvier, Reg. IV, f. 254.
(2) Assemblée du 24 novembre, Reg. III, part I, f. 191.
(3) Le 5 décembre 1569, *ibid.*, f. 154.

semblables à ceux du cinquième...., réserve faite par les prêteurs et acceptée par l'emprunteur, que les excédans de produit des impôts cédés seront employés au *rachat* des capitaux des rentes.

Nous pourrions citer d'autres stipulations de même nature, par exemple, en premier lieu, une clause insérée dans des lettres-patentes du 5 janvier 1536, approbatives d'un emprunt fait à la ville de Lyon, au moyen d'une concession rachetable d'impôts, clause où le roi exprime que les rentes constituées aux particuliers prêteurs, seront *rachetables* en leur rendant les deniers par eux fournis (1)..... en second lieu, une clause insérée, en 1557, dans d'autres lettres-patentes, où le roi, en donnant pouvoir à des commissaires d'emprunter à la ville de Paris, au moyen d'une vente à réméré, environ 33,000 livres de rentes, à prendre sur le produit de divers greniers à sel, ajoute que la ville après les rentes et frais payés, emploiera exclusivement le surplus et plus-valeur de ce produit au *rachat* desdites rentes (2)..... Mais les précédentes citations nous paraissent suffisantes (3) pour dé-

(1) Ordonnances de François Ier, vol. coté M, f. 5 et suiv., surtout f. 8... Nous reviendrons plus loin sur cet emprunt.

(2) Lettres-patentes ou édit du 19 février 1557 ; Félibien, V, 287 à 290.

(3) Voyez-en toutefois d'autres à la fin du présent Mémoire, note *a*.

montrer que l'emprunteur et les prêteurs étaient bien éloignés de penser, l'un, qu'il n'aurait pas le droit de rembourser le capital emprunté à rentes, puisqu'il s'en réservait toujours la faculté ou en acceptait la condition, et les autres, qu'ils avaient le droit de n'être jamais remboursés de leur capital sans leur consentement, puisque non-seulement ils ne réclamaient point contre les déclarations ou réserves faites par l'emprunteur, de sa volonté ou de sa faculté de rembourser, mais qu'ils lui indiquaient même avec quels produits le *remboursement* ou *rachat* des capitaux serait fait.

Ce qui se pratiqua d'ailleurs, en est encore une preuve plus décisive s'il est possible. Dans le fait, le capital de beaucoup de prêteurs à constitution de rente leur fut remboursé, et par là même, leurs rentes furent amorties. Le remboursement n'atteignit sans doute qu'une petite partie des rentes dues par l'état; mais enfin, il fut pratiqué, et par là même, le droit du débiteur à rembourser fut de tout temps reconnu.

De tout temps, est-il dit dans une délibération prise le 13 décembre 1578 (1), à l'occasion d'un marché fait par Henri III, avec un traitant nommé Faure, pour le rachat de certaines rentes, « de tout « temps, il y a audit hôtel-de-ville une chambre

(1) Reg. XI, f. 125.

« appelée la chambre des *rachapts*, en laquelle les
« *rachapts* des engaigemens du Roi ont accoutumé
« estre faicts....»

Ainsi le fait de l'opération du *rachat* et d'une
opération habituelle, est constaté de la manière la
plus expresse et par le prêteur lui-même.

Il faudrait, observe-t-on ensuite dans la même
délibération, il faudrait que lorsque Faure aura une
notable somme à y employer, il l'apportât « en la
« chambre » et alors lui sera donné « estat de ceux
« qui auront les rentes les plus anciennes. »

Cette observation est fort remarquable. Il en résulte que dans le choix des rentes à racheter, on ne
s'attachait point comme on le ferait aujourd'hui, à
celles qui pouvaient être les plus onéreuses à l'état,
mais à celles dont les porteurs avaient, à raison de
l'ancienneté de leurs titres, le plus de droit au rachat ; autre preuve que les prêteurs étaient bien
éloignés de regarder le remboursement comme une
opération illégale, puisqu'ils exigeaient qu'elle se
fît d'abord en faveur de ceux qui pouvaient les
premiers y prétendre.

Quoi qu'il en soit, il est du moins certain d'a-
près un mémoire du conseil de ville même (1), que
Faure et un autre fermier d'impôts rachetèrent de-

______

(1) Mémoire transcrit avant l'assemblée du 11 septembre 1602, Reg. XVI, f. 10 à 12.

puis 1578 jusqu'en 1585, environ cent mille livres de rentes. (1)

En 1556, vingt-deux ans avant le traité de Faure, le roi avait demandé à la ville un état des impôts qu'il lui avait cédés moyennant des sommes qu'elle lui avait fournies, « lesquelles sommes elle s'était procurées, observe-t-on, en empruntant à constitution de rentes sur ces impôts (2)... Il voulait savoir, dit-il, l'ordre qu'il pourrait donner pour *amortir* et retirer les dictes rentes. »

Dans l'état demandé, le conseil de ville, probablement au sujet du desir précédent, fait observer que dès le 21 janvier 1550 (1551, nouveau style), le roi avait décidé que la plus-value de certains impôts serait employée au *rachat* des rentes. (3)

Voilà donc le fait du rachat encore reconnu par les prêteurs. Il l'est encore mieux dans le même état, comme on va le voir par quelques-uns des résultats d'un tableau que nous avons dressé pour plus de clarté, la rédaction de l'état se trouvant un peu confuse.

(1) En 1585, un traitant nommé Noël fut aussi chargé de racheter jusqu'à 700,000 livres de rentes, d'une part, et jusqu'à 147,000 écus, d'autre part; mais nous n'avons rien pu découvrir sur ses opérations (assemblée du 22 novembre 1585, Reg. XI, f. 546).

(2) Assemblée du 20 mai 1556, Reg. VI, f. 194 et suiv.

(3) Même assemblée, f. 194, 195, etc.

1° De 71,250 livres de rentes constituées sur un impôt depuis 1536 jusqu'à 1551, on en avait *racheté* 2,458; il n'en restait dû que 68,762.

2° De 23,904 livres de rentes constituées sur un autre impôt en 1549 et depuis, 1,291 livres avaient également été *rachetées*.

3° à 5°... 2,200 livres d'une part, 452 livres et 2,312 livres d'autre part, avaient aussi été *rachetées* sur trois sortes de constitutions s'élevant à 64,500 livres, à 26,560 livres, et à 28,938 livres, faites de 1550 à 1553, et acquittées aussi sur d'autres espèces d'impôts.

Mais comment concilier ces diverses reconnaissances du droit de remboursement ou rachat, ainsi que l'exercice constant de ce même droit, avec les observations faites par Forbonnais (1), à l'occasion du remboursement partiel des rentes de l'Hôtel-de-Ville, opéré selon lui vers 1607 ou 1608? « Les remontrances réitérées, dit-il, des prévôt des marchands et échevins de la ville de Paris, empêchèrent que le bien ne se fît en entier. »

N'est-il pas naturel de conclure de ces remontrances réitérées, que la ville de Paris n'admettait pas la légalité du remboursement?

Oui, sans doute, si l'on n'avait sur ce point d'autres documens que l'assertion si brève, si concise de

____

(1) Recherches sur les finances, I, 80.

Forbonnais; mais nos registres vont expliquer ce dont probablement il n'a point eu connaissance, et il faut pour cela remonter un peu dans l'ordre des temps.

Pendant les longues guerres civiles des règnes des trois derniers Valois, la perception des divers impôts cédés à la ville de Paris, pour acquitter les rentes constituées sur ces impôts (1), éprouva beaucoup d'embarras et de retards; par conséquent, les rentiers furent très inexactement payés. Quelquefois et selon la nature des impôts affectés à leur paiement spécial, ils étaient en arrière de plusieurs années, et l'on tâchait de se mettre au courant pendant les intervalles de paix; mais vu leur brièveté, cela fut presque toujours impossible. (2)

Ce furent surtout les rentiers dont le paiement

(1) Parmi les impôts cédés, il y en avait un grand nombre qui se percevaient hors de Paris, et même fort loin, par exemple en Champagne, en Berri, en Anjou, en Bretagne, en Provence. (Etat du 20 mai 1556 et assemblées des 29 août 1569 et 5 juin 1570; Remontrances de juillet 1577, Reg. III, part. I, f. 141 et 168; Reg. VI, f. 194 et suiv.; Reg. XI, f. 134 et suiv.) Il en était de même pour les décimes du clergé, affectés également, on va le voir, au paiement des rentes; la ville en percevait en Dauphiné, en Languedoc, etc. (Reg. XI, f. 95; Reg. XVII, f. 83.)

(2) C'est seulement, à ce qu'il paraît, vers 1603 qu'on put payer des arrérages pour les rentes affectées sur les décimes. (Reg. XVI, an 1603, f. 272.)

4

était assigné sur les décimes du clergé, décimes également cédés à la ville pour payer des rentes d'emprunts, qui eurent à souffrir des guerres civiles. Leurs rentes étaient encore arréragées de sommes énormes, même au bout de plus de dix ans après que la paix se fut rétablie par la rentrée d'Henri IV à Paris, et par ses traités avec les divers chefs de la ligue. (1)

Le conseil de ville, qui se regardait comme tenu de veiller aux intérêts des rentiers, parce que c'était pour ainsi dire sur sa foi qu'ils avaient prêté à l'état, fit souvent des démarches très pressantes auprès de l'assemblée du clergé, pour l'engager à stimuler le zèle ou réprimer la négligence de ses receveurs. Le clergé s'excusait sur les pertes considéra-

______

(1) Henri IV dut la pacification de la France peut-être plus aux mêmes traités qu'à ses victoires : ils furent tous conclus pour des honneurs, de hauts emplois, et surtout pour de l'argent. Aussi, lorsqu'on annonçait que tel personnage important s'était rendu au roi, on disait dans le public qu'il s'était VENDU. (*Dufau*, Histoire de France, in-12, 1820, tome IV, page 152.)

Ce serait un recueil assez curieux que celui qui comprendrait tous ces traités, dont nous avons vu jadis une grande partie. Tel héros moderne de fidélité, et se faisant gloire d'un dévoûment désintéressé et de bonne foi, serait bien surpris d'y trouver des noms fort connus de lui, et d'autant plus que le véridique Moréri a eu plus d'une fois l'attention délicate de glisser sur les faits qui avaient prêté aux sarcasmes sanglans du public.

bles qu'il avait éprouvées pendant les guerres civiles (1). Cette excuse qui, assurément devait être fon-
dée jusqu'à un certain point, mais qu'il est difficile
d'apprécier aujourd'hui, ne satisfaisait point le conseil de ville. De nouvelles instances étaient faites (2)
et présentées sous toutes les formes, même sous celles
qu'on croyait propres à influer sur la détermina-
tion des prélats par des motifs d'humanité et même
d'amour-propre. (3)

Toutes ces démarches, toutes ces instances pa-

(1) Ses revenus, disait son président, le 10 octobre 1606,
(Reg. XVII, f. 14) ont diminué depuis quarante ans, de
140,000,000 (*sept vingts*, tout au long).

(2) *Voyez* entre autres délibérations, plusieurs de celles
de 1600, 1602, 1605, etc., Reg. XV, f. 218, 454, 457, 860,
863, etc.; Reg XVII, f. 14, 24, 49, 51, 74, 448, etc.;
Reg. XVIII, f. 44, 62, 259, 496, 505, etc.

(3) Voici un fragment d'un discours adressé à ce sujet à
l'assemblée du clergé, le 10 octobre 1605 (Reg. XVII, f. 15)
par un des personnages les plus considérables de ce temps,
François Miron, conseiller d'état, lieutenant civil du Châ-
telet, et prévôt des marchands..... Il donnera une idée de
l'éloquence de ce siècle.

« Regardez, messieurs, pour qui vous faites et qui vous
obligez : c'est Paris, non Paris, non une ville, mais un
royaume; non un royaume, mais un monde; non un monde,
mais les dix-huit mondes qu'Alexandre se figurait par les
imaginations fantastiques d'Anaxagoras; Paris plus grande
que Thèbes, plus docte qu'Athènes, plus riche que Car-
thage, plus sainte que Rome, plus noble que Naples, plus
gentille que Vienne, plus belle que Holicq (*sic*), plus forte
que Troie, plus délicieuse que Tyr, plus florissante que

raissent avoir eu peu de succès sur un ordre puissant et alors fortement appuyé par le roi qui croyait

Corinthe, plus heureuse que Nauauer (*sic*), plus peuplée que l'Afrique, l'une des parties du monde, vrai miracle de nature, assise au milieu de sept fleuves, où Amalthée versa jadis ce qu'elle avait de richesses et d'abondance..... »

« Paris, la demeure des rois, le séjour des lois, remplie de grands et superbes édifices, de magnifiques temples, de tant de riches palais, bâtie dans un lieu si commode, sous un ciel si tempéré, sous un air si benin, en pays si fertile, sur un fleuve si utile, où repose l'honneur des sciences, l'institution des arts, la vraie discipline, la balance de justice, l'ordre et police de toutes choses, l'observance des bonnes lois, l'asile des misérables, la retraite des honorables, la source des bonnes mœurs, la Rome française, la demeure des dieux, la montagne de Psyché, décrite par Apulée, qui a tout ce que les autres n'ont point..... »

« Ville admirable de murs, de portes, de ponts, de citoyens, de théâtres, de sièges de justice, de rues, de thermes, de monnaies, d'arts, de greniers, de magasins, de provisions, de prés, de fontaines, d'îles, d'offices, de jeux, de jardins, d'ouvriers, d'ouvrages de toute sorte. »

« Ville recommandée de son antiquité, embellie de sa nouveauté ; ville qui reluit parmi les autres, qui leur donne l'aistre, la lumière, le jour, les lois, l'ordre, la discipline, la police, l'exemple, les coutumes ; bref, qui est l'œil de l'astre, le cœur du royaume, que l'on ne saurait si peu toucher que le reste ne s'en sente. »

« Obligeant cette ville à vous par l'exécution de vos contrats, voyez combien vous faites pour vous, et de combien de peuples vous acquérez la bienveillance, et combien de personnes vivront de vos libéralités ; si vous nous donnez le contenu en nos contrats, combien de gens seront substantés du bien que vous leur ferez. »

avoir un grand intérêt à le ménager, et qui d'ailleurs, s'il faut en croire nos registres, en recevait
des dons considérables en retour de sa protection. (1)

Quoi qu'il en soit, pendant les suspensions des
paiemens des rentes, leurs capitaux durent singu-
lièrement perdre de leur valeur (2), et lorsqu'ils
furent transmis par des ventes, des donations, ces-
sions, échanges, conventions de mariages, etc. (3),
être reçus pour des sommes bien inférieures à leur
quotité primitive.

Voilà l'état de choses qui inspira au gouvernement l'idée de rembourser les rentiers. Henri II et
Henri III, on l'a dit, en avaient fait l'essai (4);
Henri IV, placé dans des circonstances bien plus
favorables, le renouvela, non en 1607 et 1608,
comme on est porté à le croire d'après la date sous

(1) Le prévôt des marchands et les échevins étant allés ré-
clamer au Conseil-d'Etat contre une décharge de 1,500,000 liv.,
accordée par le roi sur la dette du clergé envers la ville, le
Conseil leur répondit : « on n'y peut rien, c'est le roi qui a
lui-même déchargé de ces 1,500,000 livres, sur quoi le clergé
lui en donne 500,000, et 100,000 à la reine. (Assemblée
du 14 février 1606, Reg. XVII, f. 57.)

(2) On reviendra plus loin sur ce point important.

(3) Il dut en effet y avoir un grand nombre de transmis-
sions de rentes par ces divers moyens; on le conçoit aisément, et il en est d'ailleurs question dans plusieurs assemblées. (*Voyez* entre autres assemblées, celle du 13 mars 1603,
Reg. XVI, f. 115.)

(4) *Voyez* pages 21 à 24.

laquelle Forbonnais met cette opération (1), mais en 1600. Il publia alors (février) un édit par lequel il ordonnait une nouvelle aliénation sous réméré, des aides sur lesquelles des rentes avaient été constituées. Il prescrivit de donner la moitié du prix de cette aliénation au prince d'Anhalt pour s'acquitter d'environ 1,000,000 d'écus qu'il lui devait (2); et afin d'ôter toute occasion de plaintes aux villes et particuliers qui ont des rentes assignées sur ces impôts, le prince d'Anhalt, est-il dit, « rachetera le « fonds et sort principal de toutes et chacune desdictes « rentes.... » On ajoute que le prince sera remboursé de ce rachat par les nouveaux acquéreurs des aides.

Lorsque cet édit parut, le conseil de ville ne se borna pas même aux remontrances réitérées dont parle Forbonnais, mais il arrêta de concert avec une assemblée de notables, de former opposition à sa vérification, ce qui en eût tout-à-fait arrêté l'exécution (3). Il y eut à ce sujet, un grand nombre de délibérations où l'on s'expliqua sur la mesure prise par le roi avec la plus grande énergie. Son procureur auprès du conseil de ville, Pierre Perrot, fut un des opposans les plus prononcés. Entre autres discours sur ce point, il en prononça

(1) Recherches sur les finances, tome I, page 78 à 80.
(2) Reg. XV, f. 256 et suiv.
(3) Assemblée du 23 novembre 1600, Reg. XV, f. 208.

un le 5 février 1602, qui n'a pas moins de 28 pages
in-folio. (1)

Cette opposition, soit dés assemblées de la ville,
soit de Pierre Perrot, fut-elle motivée comme on
pourrait être tenté de le croire, sur l'illégitimité du
remboursement du capital des rentes? En aucune
manière. Une seule considération, à la vérité très
grave, la détermina. On craignait que l'opération
ne fût inexécutable et que son résultat unique ne
fût le sacrifice des rentiers et l'établissement à perpétuité d'impôts, tels que les aides, considérés alors
comme purement passagers.

Selon les calculs de Perrot (2), pour que le prix
des aides mises en vente, pût faire face au paiement
du prince d'Anhalt, au rachat des rentes, aux frais
de l'opération, aux intérêts des avances, etc., il aurait fallu qu'il s'élevât à 10,600,000 d'écus, ce que
Perrot regarde comme impossible. D'ailleurs, on le
voit par ces calculs, il ne partage point les idées de plusieurs rentiers modernes qui prétendent qu'on doit
leur rembourser le capital du cinq pour cent, sur
un taux excédant le capital primitif, lorsqu'ils ont
acheté leurs rentes pour une somme excédant en
effet ce capital, ou 100 francs. Les rentes assignées
sur les aides s'élevaient à 375,000 écus; Perrot fixa

(1) Assemblée du 5 février 1602, Reg. XV, f. 769 à 783.
(2) Reg. XV, f. 775 (pagination du haut du feuillet).

le rachat de leur principal à 4,500,000 écus (1),
c'est-à-dire précisément à leur capital évalué au denier 12 ou sur le pied de 8 1/3 pour cent, ou en
d'autres termes à leur capital primitif, quoiqu'il soit
très probable qu'avant les guerres civiles et à l'époque où les rentes étaient exactement payées, plusieurs de ces rentes, vû la diminution de l'intérêt
courant de l'argent, aient dû être vendues, échan-
gées, cédées, constituées en dot, etc., entre particuliers, pour un capital supérieur au capital
primitif. (2)

En résumé, jamais dans le courant du siècle qui
vit naître les emprunts à constitution de rente, jamais il n'y eut de contestation sur le droit qu'avait
l'état de se libérer en remboursant le capital primitif. Loin de là, d'une part, les prêteurs stipulèrent
presque toujours qu'il leur ferait ce remboursement
ou rachat, et de l'autre, il se réserva à lui-même de
le faire, et il le fit réellement, à diverses reprises,
sans la moindre réclamation. S'il s'éleva des difficultés sous le règne d'Henri IV, ce fut uniquement
à cause du mode qu'il proposait et dans l'application
duquel on craignait que les intérêts des rentiers ne
fussent sacrifiés, surtout parce qu'il confiait cette
application à des étrangers (3), tandis que le con-

(1) Reg. XV, f. 773 (même pagination).
(2) On en verra plus loin la preuve.
(3) *Voyez* plus haut, pag. 30.

seil de ville insistait pour qu'on chargeât quelques-
uns de ses membres, de présider à l'opération, et
pour qu'elle se fît à l'Hôtel-de-Ville même. (1)

La conclusion de ce qui précède est facile à tirer.
Le gouvernement a évidemment aujourd'hui le
droit qu'il avait eu dès le principe et qu'il a souvent exercé, celui de racheter les rentes en remboursant le même capital primitif.

Dans les divers projets présentés à cet égard depuis une douzaine d'années on a proposé de donner
aux rentiers l'option, ou de recevoir leur remboursement, ou de consentir à une réduction de leur
rente à un taux inférieur, par exemple au quatre et
demi pour cent, au lieu du cinq; mais en recevant
aussi dans ce cas, quelques avantages, par exemple
une prime, une annuité, etc., d'une certaine valeur. (2)

Mais si l'on juge utile et même équitable d'accorder dans le même cas, un avantage, une sorte de faveur, aux rentiers même des temps les plus récens,
on en doit assurément une plus considérable aux
rentiers dont les titres remontent au xvi⁰ siècle (3),

(1) Reg. XV, pag. 784 à 788.
(2) Rapport de M. Laplagne, pages 2 et 29.
(3) Et même à quelques créanciers du xvii⁰ siècle, qu'on
essaya de soumettre à des emprunts forcés; mais la mesure

ou plutôt c'est une sorte d'indemnité dont, selon nous, on est, dans la plus stricte équité , tenu envers eux.

Pour montrer en effet aux rentiers modernes que la prime, l'annuité, etc., qu'on leur offre, s'ils acceptent la conversion, est une faveur, on peut leur dire : rien ne vous obligeait à prêter à l'état; vous étiez parfaitement libres de lui remettre ou non vos fonds. Si vous vous y êtes déterminés, c'est parce que vous en aviez de disponibles, et en même temps parce que vous y trouviez de l'avantage; vous avez de plein gré couru la chance de voir par la succession des temps, le capital qu'il avait le droit de vous rembourser, éprouver des augmentations ou subir des diminutions; et cela est surtout évident pour ceux d'entre vous qui ont prêté depuis le milieu du xviiie siècle et surtout depuis le commencement du xixe; d'une part, depuis la publication en 1763, du traité de Pothier (1), où les vrais caractères du contrat de constitution de rente ont été exposés et qui, en 1804, a été extrait dans le Code civil, vous ne pouviez douter que l'état n'eût le droit de vous rendre votre capital, d'autant plus que chez

ne put être exécutée que partiellement. (*Voyez* Forbonnais tom. I, pag. 248.)

(1) Cette édition, format in-12, est dans la bibliothèque de la Cour de cassation.

une nation voisine, vous aviez plusieurs exemples d'une semblable opération..., et de l'autre, vous étiez témoins chaque jour des variations en hausse ou en baisse, qu'éprouvaient des capitaux de même espèce que les vôtres, lors des ventes journalières qui s'en faisaient dans les lieux de négociation des effets publics.

Rien de tout cela ne pourrait être dit aux rentiers du XVIe siècle, parce que, loin d'avoir prêté de plein gré, ils avaient été contraints de prêter, en un mot, parce que leurs emprunts ont été des emprunts forcés. Loin d'avoir livré, diraient-ils, nos fonds à l'état, parce que nous trouvions de l'avantage dans ce placement, beaucoup d'entre nous, peut-être le plus grand nombre ont été forcés de se procurer des fonds, et par là même de contracter des emprunts onéreux, de faire des aliénations à vil prix..., et ceux qui avaient des fonds disponibles, quoique moins lésés, l'ont encore été parce qu'il leur a fallu renoncer aux transactions, aux négociations, aux entreprises lucratives auxquelles ils les avaient destinés.

En un mot, pourraient-ils dire, la contrainte que vous avez excercée envers nous, nous a privés de bénéfices sur lesquels nous avions le droit de compter, ou nous a fait éprouver des pertes auxquelles nous ne pouvions nous attendre, et surtout que vous n'aviez pas le droit de nous faire subir.

Les créanciers du xvie siècle seraient autorisés à tenir ce langage, nous allons bientôt le prouver. On devrait néanmoins en excepter les souscripteurs d'un emprunt fait en 1536, s'il fallait s'en rapporter à ce qu'observe Dom Félibien après avoir parlé de la première création des rentes de l'Hôtel-de-Ville, en 1522.

« Les acquéreurs, dit-il (1), de ces rentes, trouvaient cette nature de biens d'autant plus avantageuse qu'il n'y avait aucun soin ni dépense et qu'ils étaient payés régulièrement par le receveur de la ville. C'est ce qui fit que les bourgeois de Paris prévinrent, en 1536, le besoin où se trouva le roi François Ier *en remettant d'eux-mêmes* entre les mains de Jean Tronchon, prévôt des marchands, une somme de 100,000 livres que le roi accepta pour 8333 livres 6 sous 8 deniers de rente à prendre sur son domaine au choix des prévôt des marchands et échevins, contrat qui fut confirmé par les lettres-patentes données à Paris le 30 décembre de la même année et enregistrées au parlement le 25 janvier suivant. »

Si ce récit était exact, les bourgeois dont parle Félibien, ne pourraient certainement pas user des

____

(1) Histoire de Paris, tome II, pages 942 et 943.

mêmes argumens que les créanciers forcés de prêter, argumens que nous avons résumés tout-à-
l'heure ; mais il n'a pas le moindre fondement et
loin de là. (1)

Dans l'été de 1536, Charles-Quint fit deux inva-
sions en France, l'une en Provence, où il était en
personne, et l'autre en Picardie où son armée était
commandée par le comte de Nassau (2). L'historien
Garnier convient que François Ier se laissa surpren-
dre comme un franc étourdi (3), presque sans défense et sans appui ; mais, ajoute Garnier, ses finances étaient en bon état ; avec trois décimes qu'il se
fit donner par le clergé et ses épargnes « sur le
« produit des années précédentes, il se trouva en
« état sans augmenter les impôts, sans aucune alié-

(1) Il n'est point question de ce fait important dans les
ouvrages ou actes cités par Félibien à la marge de son cha-
pitre, à moins que ce ne soit dans un Mémoire des contrô-
leurs des rentes, que nous n'avons pu nous procurer, mais
qui paraît avoir été publié vers le commencement du XVIIIe
siècle, c'est-à-dire à une époque trop éloignée (environ deux
siècles) de la première création des rentes, pour pouvoir faire
quelque autorité.

(2) Histoire de France de Velly, Villaret et Garnier, in-12,
tome XXV, pages 20 et suiv.

(3) Charles-Quint, est-il dit dans la table (tome XXXIII,
page 76), après avoir *amusé* François Ier, lui déclare la
guerre.

« nation du domaine (1), de faire face à toutes les
« dépenses d'une des guerres les plus menaçantes que
« la France eût encore essuyée. » (2).

Garnier n'avait pas plus que Félibien, consulté
nos registres. Le duc de Vendôme, gouverneur de
Picardie (3), s'était hâté de rassembler quelques
troupes, non pour combattre Nassau, alors à la tête
de plus de 30,000 hommes, mais pour retarder sa
marche, prêter de l'appui aux places fortes, et surtout empêcher l'ennemi de se porter sur la capitale.
Il fallait de l'argent pour retenir sous les drapeaux
sa petite armée, composée en grande partie de nouvelles levées ou de lansquenets, et en peu de temps
sa caisse fut épuisée. (4)

La première ligne de défense à garder était for-
mée par la rivière de Somme près de laquelle était
alors la frontière, et appuyée vers l'orient par la
ville de Guise. Mais Vendôme n'avait pas encore
fait la revue de son corps rassemblé vers le centre

(1) Nous montrerons dans la suite la fausseté de cette
assertion.

(2) Garnier, tome XXV, pages 76 et 77.

(3) Charles de Bourbon, aïeul d'Henri IV. (Garnier, *ibid.*,
p. 144.)

(4) Il n'avait pas même assez d'argent pour faire la *monstre*
(la première revue) de ses troupes (lettre du 12 juillet 1536,
citée plus bas).

de cette ligne, près de Péronne, que le passage de la Somme était forcé, un pont jeté sur cette rivière et une partie de la cavalerie ennemie passée sur sa rive gauche, où elle en incendiait les habitations. (1)

La nouvelle de ce premier exploit de Nassau, qui lui ouvrait un chemin presque dégagé d'obstacles vers la capitale (2), y fut transmise rapidement par la frayeur d'une ville intermédiaire, Compiègne (3), et bientôt confirmée officiellement par le général français. Un gentilhomme envoyé exprès et chargé de pouvoirs spéciaux apporta au conseil de ville une lettre où Vendôme demandait aux Parisiens, à titre d'emprunt, une somme de 40,000 livres dont il avait un besoin pressant pour payer son armée. (4)

Un monarque dont les finances auraient été en bon état, n'aurait pas, ou à-peu-près, subordonné le sort de sa capitale et d'une partie considérable de ses états à la ressource précaire et surtout fort

(1) Vers le 10 juillet (assemblée du 12, Reg. II, f. 175).

(2) Les villes intermédiaires, telles que Montdidier, Compiègne, Pont-Sainte-Maxence, etc., n'avaient pas assez de poudre et d'artillerie; elles en demandaient à titre d'emprunt à celle de Paris. *Voyez* Assemblées des 3, 6 et 14 juillet; 4 et 20 août 1536, Reg. II, f. 170, 174, 175, 192, 205.

(3) Même assemblée du 12 juillet, f. 175.

(4) Lettre du 12 juillet, écrite de Péronne; assemblée du 15 (les chefs du Parlement en faisaient partie), Reg. II, f. 177.

lente d'un emprunt demandé aux habitans d'une ville. En effet, malgré l'imminence du danger dont ils étaient menacés, danger qui s'accrut bientôt par la prise de la ville et du château de Guise (1), malgré les réclamations réitérées presque chaque jour par Vendôme (2), malgré son assertion que ses lansquenets menaçaient de se joindre à l'ennemi s'ils n'étaient pas payés (3), et quoique sa demande d'emprunt eût été bientôt approuvée par le roi (4), et que lui-même offrît pour garantie du remboursement, ses propres domaines (5), ces Parisiens si empressés, suivant Félibien, à prévenir les desirs du roi dans les emprunts, au bout de quinze jours avaient

(1) Vers le 1ᵉʳ ou le 2 août. (Lettre de Vendôme citée dans l'assemblée du 4 août, Reg. II, f. 192).... Si l'on rapproche entre eux divers passages de Garnier (tom. XXV, pag. 100, 106 et 107), cet évènement si important avait eu lieu dès le premier juillet..... Faute d'avoir consulté des documens authentiques, il commet assez souvent de semblables erreurs.

(2) On transcrit ou l'on cite des lettres de Vendôme souvent apportées par des officiers d'ordonnance, dans les assemblées des 15, 25, 29 et 30 juillet; 3, 4, 5, 7, 11, etc., août, Reg. II, f. 177, 178, 187, 192, 194, 198, 199, 206, etc.

(3) Lettres du 10 août, assemblée du 11, Reg. II, f. 206 et 207.

(4) Assemblée du 28 juillet, Reg. II, f. 181. (Le roi était alors à Lyon.)

(5) Assemblées des 15 et 25 juillet et 7 août, Reg. II, f.177, 187, 198.

à peine fourni 20,000 livres (1), au bout de trois semaines n'avaient pu compléter la somme demandée, qu'en prélevant eux-mêmes les 20,000 livres restantes, soit sur leur ferme du pied fourché, soit sur la caisse des rentiers (2), et enfin au bout de six semaines (3o août), avaient été obligés d'obtenir un arrêt du parlement pour contraindre ceux qui étaient encore en retard d'acquitter leur taxe dans l'emprunt. (3)

Sur ces entrefaites, le cardinal Du Bellay nommé par le roi son lieutenant-général à Paris (4), s'y était rendu en toute hâte pour en faire réparer les fortifications, et faire en même temps de nouvelles levées destinées à grossir le petit corps de Vendôme (5), dont, d'une autre part, le duc de Guise (6), gouverneur de Champagne, s'était rap-

(1) Assemblée du 29 juillet 1535, Reg. II, f. 187.

(2) Assemblée du 8 août, *ibid.*, f. 199.

(3) Reg. II, f. 222 et 223.—L'arrêt fut rendu sur la requête du prévôt des marchands et des échevins.

(4) Lettres-patentes données à Lyon, le 22 juillet 1536, enregistrées au Parlement le 27, et présentées au Conseil de ville le 29, Reg. II, f. 183.

(5) Il demanda 6,000 hommes à la ville. (Assemblées des 4 et 6 septembre, Reg. II, f. 223 et 227.)

(6) Claude, chef de la branche de la maison de Lorraine, qui était venu s'établir en France. Nous en avons parlé avec quelques détails, dans nos Observations sur plusieurs

proché avec quelques troupes. Voilà tout de suite
de nouveaux motifs de demander des avances pécuniaires. Le duc de Guise réclame une partie des
40,000 livres accordées à Vendôme (1); le cardinal
demande au nom du roi un second emprunt qu'il
fixe à 120,000 livres; et la ville en accorde 100. (2)

Il s'agit ici précisément des 100,000 livres pour
lesquelles, selon Félibien, les bourgeois de Paris,
prévinrent les besoins du roi, en remettant d'eux-
mêmes cette somme pour une constitution de rente
au denier douze, car en cette même année 1536,
ni même dans aucune des précédentes ou des suivantes, du moins sous François Ier, il n'y eut aucun
emprunt de 100,000 livres juste (3). On voit par
notre exposé, si, en effet, ils prévinrent les besoins
ou même la demande du roi, à moins que dans le
style de Félibien, adhérer à une demande ne fût la
même chose que la prévenir, et qu'on n'attribuât
alors, comme on l'a fait long-temps après, à ce verbe
prévenir, la propriété singulière de présenter plusieurs sens entièrement contradictoires.

Les Parisiens ne se montrèrent même, ni fort di-

lettres des ducs de Guise. (Mémoires de la Société des antiquaires, 1823, IV, 133 et suiv., 185 et suiv.)

(1) Assemblée du 13 août, Reg. II, f. 211.

(2) Voir ce que nous allons dire au texte, p. 42 à 46.

(3) Voir notamment l'état cité, pag. 23 et 24.

ligens, ni très faciles, à adhérer à la demande du roi. Elle avait été faite en son nom, au conseil de ville et dans les termes les plus pressans le 17 août (1), par le cardinal lieutenant-général Du Bellay. Malgré ses instances, le conseil renvoya à une assemblée plus nombreuse. Dans cette assemblée tenue le lendemain (2), on s'occupa presque uniquement du choix des sûretés qu'on demanderait au roi pour le remboursement du prêt..., et l'on fut d'avis, 1° de prendre pour sûreté les produits des aides sur la vente, soit du vin à la halle, soit du poisson de mer; 2° de lui faire contracter une obligation semblable à celle obtenue pour 100,000 écus à lui prêtés précédemment et pour lesquels il avait donné à la ville le produit des fermes du pied fourché, etc. Ce fut seulement le 20 août qu'on s'occupa du fond de la demande et que ces bourgeois, si empressés de prévenir les desirs du roi, ne voulurent lui accorder que 100,000 livres (3), au lieu des 120 qu'il demandait (4). Ils ne bornèrent pas là leur méfiance; ils demandèrent expressément et obtinrent du parlement, le 30 du même mois, un arrêt pour autoriser

(1) Même Reg. II, f. 214.

(2) *Ibid.*, f. 216.

(3) Non compris les 40,000 livres accordées pour Vendôme (Voy. ci-dev. p. 39 à 41).

(4) Reg. II, f. 217 et suiv.

la constitution de rente au denier douze , sur les domaines, les aides, etc., du prêt des 100,000 livres. (1)

On n'obtint point tout de suite l'engagement demandé au roi; cela était impossible; il était alors dans le midi (2), occupé à arrêter l'invasion de Charles-Quint. Quoique ce fût là un motif très légitime de retard, les prêteurs en conçurent de l'inquiétude, et dès le 10 octobre le conseil de ville lui envoya deux députés précisément pour régler et obtenir les sûretés desirées (3). Enfin, le 28 novembre, le roi donna une procuration spéciale aux premiers présidens du parlement et de la chambre des comptes, et à un président des enquêtes pour transporter à la ville la partie de son domaine qui serait jugée convenable pour constituer des rentes à raison des 100,000 livres prêtées. (4)

Ceci nous explique pourquoi les lettres-patentes approbatives de l'emprunt, des aliénations du domaine et des constitutions de rentes citées par Félibien, ne furent expédiées qu'à la fin de l'année.....

(1) C'est l'arrêt déjà cité, pag. 15, et note 1, pag. 16.

(2) Il séjourna à Lyon, à Saint-Vallier, Valence, Cavaillon. *Voyez* plus haut, p. 40 , note 4 ; assemblée du 9 août, Reg. II, f. 202; Garnier, XXV, 108, 124.

(3) L'échevin, depuis premier président, Christophe de Thou, et le greffier du Conseil. (Reg. II, f. 235.)

(4) Reg. II, f. 240.

et deux autres circonstances nous expliquent aussi
pourquoi le roi put, non dans ces lettres (il n'y en
est (1) point question), mais peut-être dans ses en-
tretiens avec les deux députés de la ville, ou bien
avec les trois procureurs spéciaux ; put, disons-nous,
attribuer aux Parisiens de l'empressement à prévenir ses besoins. La première, c'est qu'il venait d'être
moins bien traité par les Lyonnais qui, au lieu du
8 1/3, avaient exigé le 10 pour cent d'intérêts de
leurs avances (2)... La seconde, c'est qu'il pensait
déjà à un nouvel emprunt, même trois à quatre fois
plus considérable (150,000 écus d'or soleil) pour
la réussite duquel (3) il n'était pas inutile de flatter
l'amour-propre des habitans de la capitale (4).... em-

(1) Reg. II, f. 240.

(2) Lettres-patentes du 30 décembre 1536, citées p. 16,
note 3... Il faut toutefois observer que les Lyonnais avaient
payé comptant une partie de l'emprunt (il s'élevait à 84,732
livres et était assigné sur les aides et gabelles de leur séné-
chaussée à eux cédées sous *rachapt* perpétuel par le roi, et
sur lesquelles ils pouvaient aussi constituer des rentes à
des particuliers... *Voyez* ce que nous en disons plus haut,
texte et notes, pag. 20.

(3) Il fut demandé le 29 juin 1537. (Reg. II, f. 258.)

(4) En effet, quoique les emprunts fussent dans la réalité
des taxes, ils demandèrent quelques années après, que dans
les lettres où le roi en sollicitait un nouveau, il substituât
aux mots somme cotisée, les mots somme libéralement accordée. (Assemblée du 5 mai 1544, Reg. III, part. I, f. 44.)

prunt encore destiné à couvrir les dépenses de la guerre, puisque la trève générale qui la fit cesser temporairement, ne fût arrêtée que cinq mois après (1), emprunt enfin, que le roi n'obtint, comme cela était arrivé pour celui des 100,000 livres, qu'en subissant une réduction de la somme demandée et en faisant une nouvelle aliénation de son domaine (2), ce qui achève de démontrer la véracité de l'historien Garnier. (3)

Les détails précédens sont sans doute fastidieux, mais il nous a paru nécessaire de les donner pour montrer qu'à aucune époque les créanciers du XVIe siècle n'ont pu être assimilés aux créanciers

(1) Le 16 novembre 1537. (*Voyez* Garnier, tome XXV, page 159.)

(2) Les 150,000 écus d'or soleil demandés valaient environ 375,000 livres. La ville offrit d'abord 150,000 livres; les commissaires insistèrent pour 100,000 écus, c'est-à-dire environ 250,000 livres; la ville finit par accorder 200,000 livres, mais sous la condition qu'on ferait comme précédemment, avec les commissaires, un contrat pour la sûreté des prêteurs, relativement aux aliénations du domaine, destinées à payer les rentes. Les commissaires, en formant leur demande, avaient eux-mêmes offert au Conseil de ville, pour cette sûreté, de choisir quelques « fermes du domaine « ou aides du roy qui seraient baillées à ceux de la ville « pour être comme de leur propre domaine. » (*Voyez* Assemblées des 29 juin et 7 juillet 1537, Reg. II, f. 258 et suiv.)

(3) *Voyez* plus haut, pag. 37 et 38, et note 2, page 38.

postérieurs (1), surtout parce qu'ils n'ont jamais, comme on aurait pu le croire d'après l'observation de Félibien, concouru de plein gré aux emprunts. Ils ont au contraire tous été forcés de prêter comme nous allons maintenant le prouver d'après les documens contenus dans nos registres.

Quoique le premier emprunt dont ils fassent mention et que nous avons déjà cité, ait été fait sous une autre forme que celle de la constitution de rente, et ait été probablement remboursé, il est utile d'y revenir parce qu'il nous fournit le premier exemple de la méthode de contrainte employée dans ces opérations, méthode qu'on perfectionna, ou plutôt qu'on amplifia dans la suite.

Il s'agit de l'emprunt de 20,000 livres demandé le 27 avril 1500, par Louis XII à la ville de Paris (2). Quelque modique que fût la somme, on éprouva beaucoup de difficultés pour se la procurer; il fallut même prendre à titre d'avance, diverses sommes chez des receveurs, entre autres 4080 livres chez le receveur des impôts destinés au paiement de la reconstruction du pont Notre-Dame.

---

(1) Quelques créanciers du xviie siècle peuvent l'être aux créanciers du xvie, d'après ce qu'on a observé, page 35, note 3.

(2) *Voyez* plus haut, page 7.

Enfin, au bout d'un mois, on fut obligé d'obtenir (1) un arrêt où le parlement décide « qu'au re-« fus de bailler et payer, par ceux qui auront été « enrotulés pour l'emprunt de 20,000 livres, la « Cour les fera contraindre par un des huissiers « d'icelle, par toutes voies dues et raisonnables..., « nonobstant toutes oppositions et appellations...»

Une voie *due* est dans le langage de la procédure, une voie autorisée par la loi, et les voies de contrainte autorisées en France sont, depuis longtemps, les saisies des biens suivies de leur vente. Les *refusans de prêter* étaient donc exposés à une expropriation. Toutefois, l'addition du mot *raisonnables* au mot *dues,* porterait à penser que dans le principe, on ne se porta pas contre eux à des extrémités rigoureuses.

Il en fut autrement dans la suite. Plus les demandes d'emprunt se multiplièrent et par là même devinrent plus difficiles à satisfaire, d'autant mieux qu'on dispensait souvent les privilégiés, c'est-à-dire les individus, en général, les plus opulens, d'y contribuer (2), et moins aussi l'on fut difficile sur les moyens à employer pour les faire réussir.

(1) 27 mai 1500, Reg. I, f. 44.

(2) Tels étaient tous les officiers attachés aux maisons du roi, de la reine et de leurs enfans, les notaires et secrétaires du roi, les ecclésiastiques, etc. *Assemblées des 24 avril 1544,*

Afin de les mieux apprécier, il faut rappeler les mesures préalables qu'on employait pour obtenir les emprunts. Lorsque les demandes étaient formées auprès du conseil de ville, il chargeait ordinairement les quarteniers de faire un état des gens en état de prêter et des sommes qu'on les requerrait de prêter.

On appelait quarteniers des espèces de magistrats municipaux choisis dans chaque quartier (1) et chargés d'abord de veiller à la défense de la ville, d'en surveiller et diriger le guet, la garde, etc. Voilà du moins ce que nous apprennent dom Félibien et Dulaure (2); mais leurs fonctions paraissent avoir reçu de l'extension, ou peut-être voulut-on tirer parti de la connaissance que chacun d'eux était censé

6 *mars* 1545 (1546, *n. st.*), *et* 14 *mars* 1547 (1548, *n. st.*), *Reg. III*, *part. I, f.* 43; *Reg. IV, f.* 14 et 93... *Voyez* d'ailleurs un rôle de ces exempts à la suite de l'assemblée du 15 avril 1553, Reg. V, f. 130 à 133.... Aussi entre autres excuses de ce que deux emprunts demandés n'étaient pas encore remplis au bout d'une année, le Conseil de ville observait-il que « les privilégiés qui sont les plus riches ne payaient rien. » (*Assemblée du 2 mars* 1545 (1546, *n. st.*), *Reg. IV, f.* 34), et le gouvernement se plaignit-il plusieurs fois de ce que l'on cotisait des pauvres hors d'état de payer. (*Assemblées des 2 juillet* 1544 *et 5 octobre* 1568, *Reg. III, part. I, f.* 49, *et part. II, f.* 69.)

(1) Nous parlons plus loin (p. 51) de leurs prérogatives.

(2) Il y en avait seize, suivant Bouchel (Bibliothèque du Droit français, mot Quarteniers).

7

avoir de son quartier, de ses usages, de ses habitans, de leur fortune, etc. Les auteurs gardent un silence absolu sur ce point, quoique dans nos registres, on trouve presque à chaque instant les quarteniers en quelque sorte mis en jeu; seulement le conseil de ville leur adjoignait parfois, surtout pour les emprunts, des magistrats municipaux d'un ordre inférieur, appelés cinquanteniers et dizainiers, et même plusieurs notables de leurs quartiers. (1)

Quoi qu'il en soit, pour stimuler dans ces opérations difficiles, le zèle soit des membres du conseil de ville, soit des quarteniers ou notables, on faisait souvent valoir la volonté bien déterminée du roi (si n'y faictes faulte (2)... il sera procédé comme Sa Majesté verra (3) à faire)... ou bien la nécessité de ne pas le mécontenter (le roi n'est pas, ou ne sera pas, ou ne peut être content (4)... Le roi est mécontent)... On allait jusqu'à faire craindre sa colère (5), ou à défendre au conseil de ville, soit

(1) Assemblées des 11 mars 1527 (1528, n. st.) et 16 mars, et 14 septembre 1568, Reg. II, f. 11; Reg. III, part. II, f. 62 et 70.

(2) Lettres du roi, des 28 juin 1503 et 25 février 1557, Reg. I, f. 107; Reg. VI, f. 277.

(3) Assemblée du 16 mars 1568, Reg. III, part. II, f. 70.

(4) Assemblées des 9 novembre 1513, 29 juin 1557 et 5 mai 1600, Reg. I, f. 269; Reg. II, f. 260; Reg. XV, f. 238.

(5) Assemblée du 21 avril 1554, Reg. V, f. 298.

de s'assembler pour rédiger des remontrances (1), soit de les envoyer au roi par des députations (2), et enfin, chose presque incroyable, jusques à menacer et le prévôt des marchands, cet administrateur en chef de la capitale du royaume, et les membres du conseil de ville, et même plusieurs des notables, de les jeter tous en prison si l'emprunt n'avait pas de succès. (3)

Il faut que les opérations des quarteniers, taxateurs les exposassent à de bien graves désagrémens dans leurs relations avec les prêteurs forcés, puisque, malgré toutes les précautions précédentes, malgré les privilèges importans à eux concédés (4), et quoique l'autorité du roi fût alors à-peu-près absolue, on éprouvait souvent beaucoup de difficultés à les faire agir. On fut même parfois obligé d'user de contrainte pour les déterminer à se charger de la recette des emprunts. (5)

(1) Assemblée du 10 février 1570, Reg. XI, f. 272.

(2) Déclaration *d'un jeune homme* à une députation. (Assemblée du 14 février 1604, Reg. XVI, f. 343.)

(3) Menaces faites par le premier maître-d'hôtel du roi. (Assemblée du 11 août 1547, Reg. IV, f. 120.)

(4) Ils étaient notamment exempts de tous impôts sur les denrées ou marchandises de leur crû, débitées sans fraude. (Edits de 1607 et 1618, cités par Félibien, II, 1377.)

(5) Délibération du 14 juillet 1545, Reg. IV, f. 31 (d'après des plaintes du roi).

La résistance fut sans doute encore plus grande de la part des prêteurs, et cela se conçoit d'après ce que nous avons déjà énoncé. S'ils avaient des fonds disponibles, il fallait les détourner de la destination qu'ils leur avaient donnée et avaient peut-être été obligés de leur donner à raison de leurs affaires de famille. Nous en avons la preuve dans l'emploi d'une mesure étrange dont nous ne croyons pas qu'on puisse trouver un exemple hors de ce siècle, nous ne dirons pas dans les historiens (ces opérations si importantes d'économie sociale leur ont été inconnues); mais dans les documens originaux, dans les actes officiels de l'autorité publique. Il fut plus d'une fois défendu aux notaires de Paris de recevoir aucun contrat de prêt entre des particuliers jusques à ce que les emprunts royaux eussent été remplis. (1)

Les prêteurs n'avaient-ils pas de fonds disponibles? il fallait s'en procurer par tous les moyens possibles.

Quelquefois, il est vrai, on daigna consentir à ce qu'au lieu d'espèces monnayées ils acquittassent

____

(1) Assemblée du 10 janvier 1552 (1553, n. st.); lettre de la fin de février 1553 (1554, n. st.), Reg. V, f. 79, 279, 280 (on y convient que beaucoup de gens trouvaient, « comme ils ont déjà fait », cette manière de procéder fort étrange); autre du 7 juin 1554, *ibid.*, f. 331.

leur taxe avec leurs bijoux ou leur vaisselle d'argent (1)... mais cette ressource qui, d'ailleurs, ne pouvait être à la portée que d'un petit nombre d'entre eux, dut rarement être suffisante : ils furent contraints d'emprunter eux-mêmes et enfin de vendre leurs biens (2), soit maisons, soit terres, etc., et l'on conçoit que dans un temps où les emprunts royaux absorbaient les capitaux disponibles, les emprunts des particuliers ne purent se faire qu'à un taux fort élevé, tout comme les ventes passées par eux, qu'à un très vil prix.

Ils cherchèrent, selon toute apparence, à échapper à ces extrémités fâcheuses par l'adresse, la ruse, etc.; mais on eut divers moyens pour rendre inutiles leurs précautions.

Tantôt on exigeait des locataires de leurs maisons, leur prix de loyer (3), et si les maisons n'avaient pas de locataires, on faisait saisir le temporel, c'est-à-dire les autres biens des propriétaires (4)....

(1) Assemblées des 21 mai 1554 et 23 novembre 1569, Reg. V, f. 309 et 311; Reg. III, part. II, f. 150; lettres-patentes du 19 février 1557 (1558, n. st.), Félibien, V, 287 et suiv.

(2) Remontrances de la fin de mai 1576, Reg. X, f. 319 à 321.

(3) Assemblée du 13 septembre 1568, Reg. III, part. II, f. 63 et suiv.

(4) Assemblée du 6 mars 1528 (1529, n. st.), Reg. II, f. 33.

Tantôt on faisait aussi saisir immédiatement leurs biens; on établissait pour la régie de ces biens, des commissaires auxquels on demandait d'avancer la part d'emprunt des propriétaires saisis, et qu'on autorisait à se rembourser soit de cette part, soit de leurs salaires ou honoraires sur les premiers produits des mêmes biens (1)...

Tantôt on menaçait de la prison les individus *tauxés* (taxés) et refusans ou *dilayans* de prêter (2)...

Tantôt on établissait chez eux des garnisaires, au nombre fixé par les taxateurs, et que les taxés étaient obligés de défrayer ou bien de payer d'après un tarif déterminé (3), et en cas de persistance, ils étaient condamnés à payer le double de leur taxe. (4)

(1) Déclaration du 16 janvier 1557 (1558, n. st.), enregistrée au Parlement le 3 février. (Régistre des ordonnances d'Henri II, aux archives judiciaires, tom. V, f. 320 à 322.)

(2) Assemblée du 16 décembre 1568, Reg. III, part. II, f. 85.

(3) Assemblées des 18 février 1528 (1529, n. st.), 20 à 27 février 1551 (1552, n. st.), 7 août 1553, 4 mai 1568, etc., Reg. II, f. 33; Reg. IV, f. 270; Reg. V, f. 196; Reg. III, part. II, f. 39, etc.

En 1552, c'était par jour et par garnisaire, 15 sous (c'est-à-dire, vu le bas prix des denrées en ce temps, au moins 4 fr. du nôtre). *Lettres-patentes* du 29 janvier 1551 (1552, n. st.), Reg. IV, f. 270.

(4) Assemblées des 10 février 1569 (1570, n. st.) et 8 août

L'établissement des garnisaires, fut le moyen auquel on eut le plus souvent recours. On finit même, vu la fréquence de sa mise en usage, par déterminer la formule du commandement dont il devait être précédé; commandement fait au nom du roi.

Il contenait une injonction aux échevins de se transporter en personne avec des archers, dans leurs quartiers respectifs, chez les refusans et d'y établir « incontinent garnison en leurs maisons, « lesquelles y vivront à leurs dépens jusqu'à ce qu'ils « ayent fourni à l'hôtel-de-ville leur tauxe. » (1)

On pouvait alors rencontrer et probablement on rencontra quelquefois un obstacle; celui qui naissait de l'absence simulée ou réelle des taxés et de la clôture de leurs logemens. On y pourvut bien vite. Les commissaires furent autorisés à en briser les portes, à en saisir les meubles, etc. (2)

Enfin, lorsqu'on craignait que malgré toutes ces mesures, plusieurs des taxés n'eussent échappé, on procédait à une visite générale, afin de contraindre chacun d'eux à représenter sa quittance. (3)

suivant; et ordre du 5 décembre 1568, Reg. III, part. II, f. 93, 134, 135.

(1) 4 mai 1568, Reg. III, part. II, f. 89.

(2) Injonctions diverses. (*Voy.* Reg. III, part. II, f. 39 et 89 à 134.)

(3) Assemblée du 23 septembre 1568, Reg. III, part. II, f. 72.

Après un semblable exposé fondé dans tous ses points sur des documens authentiques, toute réflexion nous semble superflue. Nous abandonnons à la sagacité de nos lecteurs la décision de la question de savoir si les créanciers du xvie siècle prêtèrent volontairement, de plein gré, leur argent à l'Hôtel-de-Ville, c'est-à-dire au trésor public.

Furent-ils au moins indemnisés de tant de sacrifices qu'on leur avait imposés par violence? Voilà ce qui reste à examiner.

Dans les années qui précédèrent les guerres civiles, ou environ de 1550 à 1562 (1), le placement fut sans doute avantageux pour ceux dont les fonds étaient tout-à-fait disponibles au moment des emprunts, car l'intérêt courant, grâce à l'accroissement de la richesse publique dû à l'extension du commerce et de l'industrie, commençait à être au-dessous de l'intérêt accordé dans les emprunts royaux (2), et probablement plusieurs de ces capi-

---

(1) Elles commencèrent après le massacre de Vassy, qui eut lieu le 1er mars 1562. Dans les Observations sur les lettres des Guise, citées page 41, note 6, nous donnons divers éclaircissemens sur cet évènement si grave, et nous y relevons des erreurs grossières de l'historien Garnier.

(2) En effet, on l'a vu, pag. 14 et 15, en 1513, la ville n'avait accordé que 600 livres de rente pour 8000 livres de capital; l'intérêt courant était donc alors au sept et demi pour cent. En 1522, dans son premier emprunt, et sans doute pour

taux durent être aliénés pour des valeurs supérieu-
res aux capitaux primitifs.

Mais, outre que cette observation ne peut s'appliquer à ceux qui n'avaient pas de fonds disponibles,
c'est-à-dire au plus grand nombre, les uns et les
autres furent confondus dans une disgrâce com-
mune aussitôt après le commencement des guerres

qu'il fût plus facilement rempli, François Ier accorda le
denier 12, c'est-à-dire le huit et un tiers pour cent (Félibien, III, 578, et ci-devant page 9 , note 4) et ce taux fut
maintenu dans les emprunts ultérieurs. Ces emprunts, on
l'a remarqué (page 2), durent sans doute exercer de l'in-
fluence sur le taux de l'intérêt courant, mais l'accroissement
de la richesse publique contrebalança tellement cette in-
fluence, qu'en 1572, quoique la France eût, pendant les
dix années précédentes, été affligée de plusieurs guerres
civiles, Charles IX put, par un édit, réduire l'intérêt légal
du denier 12 au-dessous du denier 16, c'est-à-dire du huit et
tiers pour cent, au six (*Blanchard, Table, juin* 1572; *Fontanon,*
Ordonnanc., I, 771). Charles, il est vrai, rapporta cet édit en
1574 (mars... *Fontanon, ib.., ib.*, 772), mais ce fut à l'occasion
d'un emprunt considérable (600,000 livres) qu'il réclamait.
Les membres du Conseil de ville craignant de ne pouvoir
le remplir facilement, demandèrent de rétablir l'ancien
taux (*assembl. du* 27 *mars* 1574, *Reg. X, f.* 128); d'où il
résulte que, de fait, l'intérêt ordinaire avait baissé, et que,
sans le nouvel emprunt royal, il eût pu être maintenu au 6
pour cent. Aussi Henri IV n'hésita-t-il point à établir le
denier 16 (6 1|4), lorsque la paix intérieure eut été consoli-
dée (édit de juillet 1601, dans Forbonnais, I, 46; et Fontanon, *ibid.*, 783).

civiles. Les contributions et surtout les décimes sur lesquelles les rentes étaient assignées, étant mal payées, les créanciers ne purent plus recevoir qu'une partie de leurs rentes, et souvent à des intervalles fort éloignés des échéances. Cet état fâcheux empira tellement qu'on fut réduit à les payer *au sou pour livre* de leurs revenus (1); que deux années après la réduction de Paris, il y en avait un grand nombre à qui il était dû jusqu'à neuf années d'arrérages (2), et que dix années après la même époque, beaucoup de créanciers ne touchaient encore par an, que deux quartiers et demi et même un seul quartier et demi de leurs rentes (3). Aussi le conseil de ville affirme-t-il que plusieurs d'entre eux avaient été réduits à une profonde misère. (4)

Deux circonstances d'ailleurs, donnent beaucoup de poids à cette assertion. Telle fut, en premier lieu, la baisse énorme qu'avaient éprouvée ces capi-

(1) Délibération du 8 février 1590, Reg. XII, f. 561.

(2) Assemblée du 22 novembre 1595, Reg. XIV, f. 196.... *Voir* aussi pour les arrérages dus aux diverses espèces de rentiers, assembl. des 11 févr. et 22 avr. 1605 et 17 mai 1611, Reg. XVI, f. 556 et 588 et suiv.; Reg. XVIII, f. 340; arrêt du conseil, du 14 nov. 1594, Fontanon, I, 774, ligne 55.

(3) Opposition à la vérification d'un édit de novembre 1603, portant suppression des receveurs des rentes..... Etat donné par l'ancien receveur-payeur, en mars 1604, Registre XVI, f. 272 à 276.

(4) Même assemblée du 22 novembre 1595.

taux dans les transactions entre particuliers. Lors des discussions sur les rentes au temps d'Henri IV, dont nous avons parlé, on fit dans le sein du conseil de ville diverses propositions sur le mode à employer pour que le rachat fût équitable et ne lésât point les intérêts des rentiers. On en trouve le résumé dans un mémoire approuvé tacitement par le conseil, puisqu'il le fit transcrire dans ses registres (1). Or, on y admet comme équitable le rachat de certaines rentes sur le pied du denier six, c'est-à-dire seulement de cinquante pour cent du capital primitif, puisqu'il était constitué sur le pied du denier douze... et vu le désir extrême du conseil de favoriser les rentiers, ou au moins de les indemniser, il faut bien admettre que dans le commerce, ces rentes se vendaient fort au-dessous du cinquante pour cent.

Tel fut ensuite le nombre prodigieux des rentiers, car plus il était considérable, plus la rente à percevoir par chacun d'eux devait être modique, et moins aussi ils étaient en état de supporter sans souffrance, soit un retard dans leur paiement, soit une diminution comme celle que fait présumer *le sou pour livre*, dans la somme qu'ils devaient toucher chaque année. Or, dans des remontrances pré-

(1) A la suite de l'assemblée du 6 mars 1604, Reg. XVI, f. 180 et suiv.

sentées en 1602, au roi, pendant les discussions déjà citées, le conseil de ville affirme qu'à chaque jour de paiement, c'est-à-dire à deux jours par semaine, il se présentait toujours deux ou trois mille personnes (1), ce qui fait supposer évidemment un nombre bien considérable de rentiers, lors même qu'on supposerait aussi que beaucoup d'entre eux avaient plusieurs titres de rentes.

Répétons en terminant, ce que nous croyons avoir démontré jusqu'à l'évidence, que l'état a eu dès le principe et n'a jamais cessé d'avoir le droit de se libérer des rentes par le remboursement ou *rachat* de leur capital, droit d'ailleurs qu'il a souvent exercé sans que ses créanciers aient élevé la moindre objection.

Mais, ajoutons qu'en exerçant ce droit à présent, il est de toute justice qu'il accorde plus d'avantages aux créanciers du xvie siècle (2) qu'à tous les autres... Et en exerçant cet acte et de politique et d'équité, il ne court pas le risque de s'assujétir à une grande charge, car après les rachats ou remboursemens faits sous Henri II, sous Henri III, et sur-

______

(1) Remontrances arrêtées le 11 septembre 1602, Registre XVI, f. 19 et suiv.—Voir aussi les mémoires de Madame de Motteville, 1739, t. IV, p. 39.

(2) Et peut-être à quelques-uns du xviie. *Voy.* page 33, note 3, et p. 47, note 1.

tout sous Henri IV et sous Louis XIV, il ne peut exister qu'un infiniment petit nombre de rentiers dont les prêts remontent au xvi° siècle, et un nombre bien moins grand encore de ceux qui seront en état de le prouver. (1)

(1) Voyez la note *b*, pages 63 et 64.

NOTES FINALES.

(a) Note renvoyée de la page 20, note 3.

Il nous serait facile en effet, d'ajouter beaucoup de citations à celles qui sont rapportées au texte et aux notes, pages 15 à 20.

Ainsi, nous pourrions indiquer, soit des lettres-patentes approbatives d'emprunts faits sous constitutions de rentes, *avec condition de rachat perpétuel*, et données : 1° le 5 décembre 1536, pour les habitans d'Orléans (Ordonn. de François Ier, vol. *M*, f. 1er, archives judic.) ; 2° le 13 avril 1556, pour le duc de Nivernais (Ordonn. d'Henri II, vol. V, f. 95, mêmes arch.) ; soit des édits de 1572 et 1594, où l'on dit formellement que les rentes de l'hôtel-de-ville de Paris ont été constituées sous condition de *rachapt* (Fontanon, I, 772, ligne 7, et 776, ligne 12).

Ainsi, nous pourrions rappeler qu'à l'occasion de l'état des impôts cédés à la ville pour en obtenir des emprunts, dont nous indiquons plusieurs résultats (pages 23 et 24), le roi rappelait lui-même (lettre du 12 déc. 1556, Reg. de Paris, t. v, p. 222), aux prévôt des marchands et échevins que, quand son père (François Ier), ou lui, ont eu besoin de sommes pour la guerre, « il vous a été, leur écrit-il, fait
« venditions et engagemens d'aucuns de nos greniers à sel,
« fermes de nos aides, etc., valant annuellement plus que
« ne se montaient les rentes que vous avez constituées pour
« le recouvrement desd. sommes, ayant voulu que ce qui se
« trouvait de plus-valeur, fût employé au *rachapt* desd.
« rentes, de quartier en quartier, ou de demi-an en demi-
« an. » Observant ensuite qu'une partie de cette plus-valeur

a été autrement employée, il leur enjoint qu'à l'avenir, ils aient, suivant la teneur des contrats, à employer « entière- « ment les plus-valeurs au *rachapt* des rentes...,» et d'envoyer à deux commissaires l'état des rentes qu'ils auront *rachetées* (V. aussi d. édits de 1594 et d. p. 776, lig. 10).

Et nous pourrions faire remarquer à cette occasion, d'une part, que, d'après cette lettre, les contrats primitifs (ils ont été passés sous François Ier) contenaient évidemment les conditions et le mode du rachat....

Et de l'autre, qu'il devait en être de même des contrats postérieurs, puisque ceux-ci étaient modelés sur ceux-là, comme le prouvent la plupart des lettres où sont demandés des prêts d'argent, telles que celles du 16 mars 1556 (Reg. VI, f. 231), 17 août 1562 (Reg. VII, f. 124), 3 mai 1566 *(ib.,* f. 368), 10 mai 1567, *(ib.,* f. 391), etc. « Pour la « dicte somme, » est-il énoncé dans la première de ces lettres, « il vous sera passé contrat en pareille forme qu'il a « été fait par ci-devant. »

(b) Note renvoyée de la page 61, *note* 1.

Lorsqu'on créa le Grand-Livre de la dette publique, on ordonna d'en rapporter les anciens titres et de les détruire.

Malgré cette précaution, quelques créanciers peuvent encore être en état d'établir que leurs rentes remontent au XVIe siècle. Tels sont ceux dont les auteurs, lors de la même création, se seront trouvés dans quelqu'une des circonstances suivantes:

1° Si leurs titres ont échappé à la destruction par suite d'erreurs de bureaux, peu extraordinaires dans d'aussi vastes opérations;

2° Si, ayant perdu leurs titres, ils s'en étaient fait délivrer des expéditions authentiques par duplicata, et s'ils avaient retrouvé postérieurement ces mêmes titres. Dans ce cas, le duplicata produit, lors de l'inscription, aurait seul été détruit;

3° Si, à l'occasion de quelque affaire particulière, leurs titres avaient été relatés jadis en entier dans un acte authentique, car la *relation* devrait, en semblable cas, équivaloir au titre lui-même;

4° Si la rente appartenant à une personne administrée par une autre, telle qu'un mineur, le titre en avait été décrit dans un inventaire régulier, antérieur au Grand-Livre, et si l'administrateur, tel que le tuteur, avait dans son compte postérieur et dans un compte régulier, indiqué, comme il le devait, la conversion de l'ancien titre en telle inscription;

5° Si dans un procès fait avant le Grand-Livre, à l'occasion de la propriété ou de la jouissance d'une rente ancienne, et jugé depuis, on avait constaté ou énoncé cette même conversion.....

Nous supposons, bien entendu, que dans chacune de ces circonstances (surtout dans les deux premières) et dans quelques autres qui peuvent avoir de l'analogie avec celles-là, l'inscription prise à la création du Grand-Livre, correspondra parfaitement pour sa quotité, à la rente indiquée dans l'ancien titre.

Mais, on le pressent aisément, il n'y aura qu'un infiniment petit nombre de rentiers qui pourront se trouver placés dans quelqu'une de ces circonstances, de sorte que, comme nous l'avons fait observer (pag. 60 et 61), l'État assurément n'aura que bien peu de chose à débourser pour leur rendre la justice qui leur est due.

www.ingramcontent.com/pod-product-compliance
Ingram Content Group UK Ltd.
Pitfield, Milton Keynes, MK11 3LW, UK
UKHW020943120726
13693UKWH00004B/1515